AF360032

Capitaine IBOS

DE L'INFANTERIE COLONIALE

LA

Défense Territoriale

DE L'ANNAM

(Extrait de la *Revue des Troupes coloniales.*)

PARIS

Henri CHARLES-LAVAUZELLE

Éditeur militaire

10, Rue Danton, Boulevard Saint-Germain, 118

(MÊME MAISON A LIMOGES)

LA

DÉFENSE TERRITORIALE

DE L'ANNAM

CAPITAINE IBOS

DE L'INFANTERIE COLONIALE

LA

Défense Territoriale

DE L'ANNAM

(Extrait de la *Revue des Troupes coloniales*.)

PARIS

HENRI CHARLES-LAVAUZELLE

Éditeur militaire

10, Rue Danton, Boulevard Saint-Germain, 118

(MÊME MAISON A LIMOGES)

LA
DÉFENSE TERRITORIALE
DE L'ANNAM

PROJET D'ORGANISATION D'UNE ARMÉE INDIGÈNE

Nécessité d'une organisation défensive de l'Annam. — Relations entre les caractéristiques géographiques du pays et la tactique locale nécessaire. — Charges militaires supportées autrefois par la population. — Organisation d'une armée annamite : commandement, composition et solde. — Administration et services auxiliaires : habillement, armement, casernement. — Service sanitaire. — Ravitaillements et transports. — Instruction. — Discipline. — Répartition. — Première formation. — Prix de revient. — Conclusions.

Nécessité d'une organisation défensive de l'Annam. — L'alliance anglo-japonaise, la durée incertaine de « l'entente cordiale » avec l'Angleterre et les complications qui peuvent résulter du moindre incident diplomatique en Extrême-Orient doivent attirer l'attention, aujourd'hui plus qu'autrefois, sur l'organisation militaire et maritime de l'Indo-Chine française.

Le budget de la métropole ne permet pas d'y consacrer les sommes élevées qui seraient nécessaires ; le recrutement de notre armée coloniale n'est pas assez abondant pour l'effectif du corps d'occupation jugé par tous les spécialistes comme devant être la garnison minimum de nos possessions. La situation de nos troupes sera très précaire si nos effectifs livrés à leurs seules forces doivent assurer la sécurité intérieure et repousser une invasion venue par mer. Il faut donc que le commandement puisse compter, non seulement sur l'indifférence de la population indigène, mais sur sa coopération effective aux opérations de guerre à grande envergure que l'on prévoit inévitables dans un avenir incertain. Quant à l'idée récemment émise par une haute personnalité coloniale de confier à la diplomatie seule la défense de nos colonies en général et de l'Indo-Chine en particulier, l'on ne peut en parler que sous toutes réserves. La diplomatie la plus vigilante et la plus habile sera sans effet si elle n'est appuyée par des troupes disciplinées et par des canons (*ultima ratio regum*) bien servis.

L'indifférence des Annamites, les seuls dont il soit nécessaire de tenir compte en cas de guerre, serait aisément obtenue par des mesures dont l'application est aisée. En publiant à des milliers d'exemplaires, jusque dans les moindres villages, les revendications chinoises sur le Tonkin, les actes des Japonais à Formose et en Corée, leurs procédés administratifs ou militaires avec photographies à l'appui, les charges dont ils accablent les populations, leur arrogance et le mépris qu'ils manifestent en toute occasion pour les autorités locales et pour les lettrés, les Annamites ne tarderaient pas à comprendre qu'ils n'ont aucun intérêt à changer de maîtres.

En pratiquant largement, loyalement, la « politique d'association » ; en leur ouvrant des débouchés proportionnés à leur intelligence, leur ambition et leur vanité, nous les transformerions de sujets sourdement hostiles qu'ils sont, ou de spectateurs indifférents qu'ils pourraient être, en coopérateurs actifs et intéressés.

L'existence d'une armée nationale, la présence dans ses cadres supérieurs et subalternes d'indigènes convenablement choisis, laisseraient notamment à la population l'illusion de l'indépendance, au roi celle de la souveraineté. Les Anglais, qui sont nos maîtres dans l'organisation des empires coloniaux, n'ont pas manqué d'utiliser dans les Indes ces sentiments à leur profit, et font ainsi concourir les Etats feudataires au maintien de leur domination. Outre les cohues irrégulières s'élevant à 350.000 hommes sans aucune valeur militaire et les Subsidiary Forces qui sont sous la dépendance du vice-roi, quoique fournies et payées par les princes indigènes, ils ont organisé depuis 1889 l'Imperial Service Troops. Les plus puissants des souverains indiens ont fait une sélection dans leurs armées et ces contingents d'élite sont instruits d'après le système anglais par des officiers anglais détachés au service du Nizam et des divers rajahs. La fidélité de ces troupes semble certaine.

En Indo-Chine, les nécessités militaires seraient aussi bien d'accord avec les convenances politiques. Nos deux centres de résistance ou d'offensive, Cochinchine et Tonkin, sont absolument séparés si nous ne sommes pas maîtres de la mer. L'Annam, par sa situation géographique, ne saurait nous servir, en aucun cas, de base offensive. D'autre part, le transindo-chinois, s'il existe jamais, ne représentera qu'une ligne de communications précaires, trop longue et trop exposée à des coups de main. Le millier de kilomètres de côtes annamites avec ses havres sûrs serait une tentation trop forte pour un adversaire audacieux, possédant une flotte de guerre sérieuse, qui voudrait organiser rapidement des foyers d'insurrection et des bases de ravitaillement pour les insurgés, mais surtout saisir des stations pour l'avenir, ou des points d'appui secondaires, des lieux de refuge pour une flottille chargée du blocus de l'Indo-Chine.

Il faut donc doter le royaume de moyens défensifs propres, adaptés à son rôle politique et militaire particulier. Rendre tout débarquement difficile sinon impossible, empêcher dans tous les cas les progrès vers l'intérieur d'un ennemi établi sur un point de la côte, assurer d'une manière efficace la police et la sécurité du pays, réprimer sur-le-champ toute tentative insurrectionnelle, protéger la voie ferrée, rendre au souverain une partie de son prestige, telles semblent être les principales conditions nécessaires et suffisantes de l'organisation militaire de l'Annam. Cette organisation doit aussi flatter la vanité des indigènes, satisfaire leur passion désordonnée du mandarinat, être enfin peu onéreuse pour ne pas accroître outre mesure les charges de la métropole ou des habitants. Il suffit donc d'en montrer la possibilité matérielle par la nature du pays et les coutumes nationales avant l'établissement du protectorat.

Relations entre les caractéristiques géographiques du pays et la tactique locale nécessaire. — La contrée qui forme aujourd'hui le royaume de l'Annam est semblable à ces maisons de rapport que certains propriétaires avisés font construire en Indo-Chine pour les louer à des Chinois ou à des ménages indiens ; bâties en longueur, elles se composent de compartiments juxtaposés, ouverts sur une vérandah commune. Les compartiments sont les bassins des fleuves descendant de la chaîne annamitique, et la vérandah est représentée par la plaine côtière qui s'étend de Thanh-Hoa au Binh-Thuân. Cette plaine, tantôt couverte de fertiles rizières où la population grouille, tantôt basse et sablonneuse, coupée de lagunes, semée de forêts rabougries et désertes, s'étend sur une largeur qui dépasse parfois 30 kilomètres ; elle s'enfonce dans les massifs montagneux par les étroites vallées des torrents et des rivières qui ouvrent de précaires communications avec les pays laotiens. Les habitants de ces bassins, peu à peu conquis sur l'Ai-Lao, le Ciampa et le Cambodge par le peuple annamite dans son expansion vers le sud, n'ont de relations possibles que par la mauvaise route royale qui va de Saïgon à Langson en longeant les grèves sur une bonne partie de sa longueur, et par la mer dont ils affrontent les tempêtes fréquentes sur de petites et misérables embarcations. Les contreforts rocheux qui déterminent les lignes de partage secondaires n'étaient, et ne sont encore, sillonnés que par des pistes desservant les cultures annuelles de ricin et de maïs, ou frayées pour le transport de quelques bois de construction, et par les invraisemblables sentiers qui conduisent aux villages habités par les Moïs et les derniers des Chams. Ces sentiers sont suivis par les colporteurs annamites ou chinois qui pratiquent le commerce par échanges, et par les montagnards descendant dans les centres administratifs pour se mettre en règle avec le fisc ou s'approvisionner aux marchés toujours situés sur une rivière accessible aux jonques de mer.

Dans cette série de districts contigus, il est facile d'assurer la fermeture des cloisons étanches que représentent les chaînes transversales baignant leurs pieds dans la mer, par la défense des défilés abrupts ou la retraite dans les profondeurs de la chaîne principale sur les flancs de la zone de marche, au moyen de troupes mobiles, aptes à la guerre de partisans et connaissant admirablement le pays. L'envahisseur alourdi par ses convois, obligé pour progresser de réduire successivement les divers bassins côtiers, constamment menacé sur sa ligne de communications, ne pouvant espérer de résultats en rapport avec ses sacrifices, ne s'éloignerait guère de son point de débarquement où il serait facile de le bloquer sur une pointe de sable et de rochers.

Charges militaires supportées autrefois par la population. — La population indigène, par l'influence de l'atavisme des luttes anciennes et de la nature du pays qui en fait d'agiles montagnards et de hardis pêcheurs, diffère beaucoup des habitants de Cochinchine et du Tonkin. Les divisions administratives, conséquence des divisions géographiques, ont en outre maintenu un esprit particulariste que n'ont encore pu faire disparaître la centralisation du gouvernement et le respect de l'Annamite pour ses représentants provinciaux. C'est dans le Trung-Ky que les mécontents fomentèrent les grandes insurrections, que se complotèrent les grands massacres de chrétiens. Le soulèvement des Tay-Son, l'expulsion de la dynastie tonkinoise des Lê, la conquête du Cambodge jusqu'à Pursat, l'intervention dans les affaires laotiennes du roi de Vien-Chan, la rébellion du Binh-Thuân, la guerre nationale avec le roi Ham-Nghi, et le régent Thuyêt sont son œuvre aussi bien que les boucheries du Thanh-Hoa et du Binh-Dinh. Les souverains de Hué lui demandaient leur armée de conquêtes, le principal soutien de leur trône, les *linh-vê*, tandis que leur armée territoriale, les *linh-co*, était surtout recrutée dans les provinces du nord et du sud où elle avait plutôt un rôle de simple police. Les désignations étaient les mêmes dans les deux armées, mais le mot *co* remplaçait le mot *vê* et les officiers de la première avaient la préséance sur ceux de la seconde.

Les linh-vê, ou armée de la garde, étaient originaires de l'Annam central, du Binh-Dinh au Nghê-An. Leur organisation était la suivante. Au sommet, les

maréchaux ou colonnes de l'empire, et le ministère
de la guerre ; 8 divisions de 10 régiments ou bataillons
(vê-quân) de 500 hommes chacun, 3 divisions de ma-
rins (vê-thuy), soit un total de 55.000 hommes. L'armée de linh-co avait un effectif à peu près égal et une
organisation identique.

La division, dont le nom variait avec la nature de
ses troupes, était commandée par un thông-chê qui
avait sous ses ordres plusieurs dê-dôc. Le vê-quân
avait à sa tête un chanh-quan-vê assisté d'un pho-
quan-vê et d'un adjudant-major ou comptable ; il
était fractionné en 10 compagnies ou dôi de 50 hommes, commandés par un cai-dôi assisté de sous-officiers,
de caporaux et d'un comptable. Dans la hiérarchie,
le mandarinat s'arrêtait à une certaine catégorie de
sous-officiers pourvus d'un brevet royal. Les officiers
étaient choisis d'après leurs aptitudes physiques : les
commandants de vê et de co-quân devaient subir des
examens militaires analogues aux concours de lettrés ;
à partir du 3° degré, ils devaient en outre être pourvus
du titre de cu-nhan (licencié) ; il n'était fait exception
à cette règle que pour des services éminents, de grands
succès à la guerre.

Le recrutement des soldats avait lieu par village ;
il s'élevait en principe, depuis Tu-Duc, au 1/7° du
nombre des inscrits. Certaines communes en étaient
exemptes, notamment celles qui fournissaient les re-
lais de poste et la garde des autorités administratives ;
les gradés des examens civils ainsi que quelques caté-
gories d'inscrits étaient dispensés du service militaire.

La durée du service était de dix ans ; il s'accomplis-
sait en temps de paix, pour la troupe seulement, par
deux et même trois bans de un mois chacun ; les soldats libérés jouissaient d'une demi-exemption d'impôt personnel, et ceux qui avaient « rengagé » pour

dix ans, d'une exemption complète. En réalité, il n'y avait donc jamais, sauf le cas de guerre, dans l'armée des vê (linh et thuy) plus de 20.000 hommes sous les armes.

Les troupes étaient réparties, recrutées et administrées par province. La responsabilité de la commune en matière de recrutement était la règle administrative. Un bureau spécial du bô-chauh (préfet fiscal), le binh-phông, était l'intermédiaire obligé entre la population et le commandement. Le quan-bô payait aussi la solde des troupes, qu'il prélevait sur le produit des impôts de la province. Les soldes, naturellement, variaient avec le grade et se décomptaient par journée de présence effective. Un simple soldat touchait de l'E-tat, en plus de l'armement et de l'habillement, un phùong de riz (35 litres) et une ligature par mois. La commune lui allouait en outre une rente annuelle de 50 à 110 ligatures, suivant la région, et une part dans les biens communaux. Comme il n'était choisi que dans les familles aisées ou comptant plusieurs « soutiens effectifs de famille », que la discipline était assez douce, que l'organisation des bans lui donnait de fréquentes permissions mensuelles, il n'avait pas à se plaindre de son sort (1).

Les services auxiliaires n'existaient pas, en dehors

---

(1) Valeur actuelle du riz, 2 piastres, et de la ligature, 0 piastre 25, au total 2 piastres 25. La rente annuelle des communes représentait en moyenne 1 piastre 70 par mois, sans compter la part de biens communaux.

Traitement mensuel d'un thông-chê et des de-dôc commandant les divisions militaires territoriales, 25 ligatures ; d'un vê-huy en garnison à Hué et des commandants d'armes des provinces, 15 ligatures : d'un quan-vê, 12 ligatures ; d'un cai-dôi, 4 ligatures. Ces officiers recevaient en outre du riz pour leur maison ; mais leur situation matérielle était améliorée par les cadeaux annuels (le tu qui) que le roi envoyait aux grands mandarins, et par ceux (duong-liêm) que ces derniers faisaient aux officiers sous leurs ordres.

du binh-phông. Il n'y avait qu'une arme, l'infanterie, qui portait, suivant son affectation, des noms différents. L'artillerie de campagne était rare et de mauvaise qualité ; de nombreuses pièces servies par des linhs spéciaux garnissaient les remparts des forts ou citadelles qui jalonnaient les routes et les frontières.

En résumé, l'Annam avait de judicieuses institutions militaires. L'absence des sentiments qui rendent fortes les collectivités européennes, l'incapacité des chefs, la faiblesse et l'imprévoyance du gouvernement, et notre puissance les ont rendues inefficaces. Telles qu'elles étaient, cependant, elles imposaient à la population des charges appréciables. On peut les évaluer approximativement de la manière suivante :

PART DES COMMUNES.

Par homme, en moyenne : 1 piastre 70 par mois, soit 20 piastres 40 par an.

	Piastres.
Pour 20.000 hommes	408.000
Biens communaux....................	200.000 (?)
	608.000

PART DE L'ÉTAT.

Par homme, en moyenne 2 piastres 25 par mois, y compris le riz, soit 27 piastres par an.

	Piastres.
Pour 20.000 hommes................................	540.000
Solde des officiers.....................................	60.000 (?)
Habillement, armement................................	100.000
Dépenses militaires du Phu-Yen, Thanh-Hoa, Khanh-Hoa, Binh-Thuân, pour 3.000 hommes environ dans les mêmes conditions...............	100.000
Fonctionnement des binh-phong, prélèvements faits par les soldats en tournée, etc.............................	92.000
	892.000
Part des Communes................................	608.000

TOTAL *minimum des dépenses militaires par an*................	1.500.000
ou au cours de 2 fr. 50...................	3.750.000 fr.

La nature du pays et les coutumes anciennes démontrent donc la possibilité, la facilité relative d'une nouvelle organisation.

Depuis l'établissement du protectorat, l'armée régulière a été supprimée. L'institution des linh-lê, linh-tram (1) a été maintenue ; la police et la sécurité intérieures sont suffisamment assurées par des troupes de milice encadrées, comme au Tonkin, par des gardes et des inspecteurs français, munies de l'armement 1874 et sous la dépendance directe des résidents chefs de province. L'effectif de ces troupes s'élève environ à 50 gradés français et 1.900 miliciens. Elles n'ont pas grande valeur militaire. Leurs chefs, pour diverses raisons, connaissent mal le pays ; l'instruction professionnelle est négligée, les détachements sont trop faibles pour permettre au besoin une action militaire sérieuse. Il est donc nécessaire d'améliorer promptement cette situation. En s'inspirant des idées exposées au début de cette étude, on peut esquisser sommairement comme il suit l'organisation d'une armée annamite, qui d'ailleurs ne rendrait pas inutile le maintien des forces françaises à Tourane et à Hué comme preuve tangible de notre suprématie politique.

Organisation d'une armée annamite. Commandement, composition et solde. — Le roi d'Annam, chef de l'armée, déléguerait ses pouvoirs à un ministre de la guerre français, officier général, commandant les troupes françaises de Tourane-Hué et relevant du commandant en chef à Hanoï. Ce général prendrait la direction du Toà binh bô (ministère de la guerre) dont le personnel réparti en quatre divisions, recrutement et instruction, administration intérieure, approvisionne-

---

(1) Linh-lê, garde des mandarins ; linh-tram, courrier de la poste.

ments, personnel, serait composé de quelques officiers français d'infanterie, d'artillerie et *d'intendance* coloniales et d'Annamites connaissant le quôc-ngû et titulaires de diplômes de cu-nhan ou de tù-tài. Le rôle de ce ministère serait assez restreint : une centralisation à outrance n'aurait que de nuisibles résultats. Les divers éléments de l'armée annamite devraient en effet avoir une grande autonomie puisque leur action serait surtout locale. On ne traiterait à Hué que les questions générales intéressant l'ensemble de l'armée.

Chacune des treize provinces de l'Annam serait gardée par un « groupe » de trois vê-quân ; le vê-quân comprendrait 4 dôi de 100 hommes (1).

Il semble *a priori* qu'une batterie soit le complément nécessaire du groupe ; mais, si l'on remarque qu'un débarquement sera toujours protégé par le tir des navires ennemis qui possèderaient immédiatement la supériorité du feu ; que d'autre part l'ennemi, s'il veut progresser dans l'intérieur, choisira sa base d'opérations dans une région où les communications sont relativement faciles, on voit que dans la plupart des groupes l'artillerie, sans rôle bien défini serait, sinon inutile, du moins fort encombrante. Il conviendra donc de n'affecter de batteries qu'aux groupes qui pourront s'en servir efficacement contre un envahisseur déjà éloigné de la mer, qui ne serait plus par conséquent sous la protection de ses navires et ne disposerait lui-même que d'une artillerie légère ; soit aux groupes qui devront s'opposer aux tentatives d'un ennemi cherchant

---

(1) Les désignations employées sont celles en usage dans l'ancienne armée annamite. On peut leur donner les significations suivantes : pho-dê-dòc, adjoint au chef de groupe ; vê-quân, bataillon ; dôi, compagnie ; vê-huy, chef de vê-quân ou chef de bataillon ; cai-dôi, chef de compagnie ; pho-vê-huy, adjoint au vê-huy ; tho-lai, secrétaire ; dôi-truong, sergent ; ngu-truong, caporal ; bêp, soldat de 1re classe ; linh, soldat.

à saisir un point de la côte dont il ferait une enclave politique et maritime coupant nos communications entre l'Annam et le Tonkin et destinée à jouer en Indo-Chine le rôle d'un Gibraltar ou d'un Hong-Kong. Ces groupes sont ceux des provinces du nord (Thanh-Hoa, Nghê-An, Ha-Tinh, Quang-Binh) et ceux des provinces du sud (Binh-Dinh et Khanh-Hoa). Toutefois, par suite du voisinage du corps d'occupation du Tonkin, il y aurait vraisemblablement avantage à affecter au Binh-Thuân la batterie du Than-Hoa.

Chaque batterie serait, dès le temps de paix, sous les ordres et la surveillance du chef de groupe pour l'instruction et l'administration intérieure. Le ministère de la guerre s'occuperait seulement de l'administration générale des six batteries dont la composition serait identique à celle des autres batteries de l'Indo-Chine.

Enfin, les autorités provinciales détacheraient dans chaque groupe deux estafettes à cheval par vê-quan. Ces estafettes, prises parmi les troupes de milice à la disposition des résidents, conserveraient leur uniforme et continueraient à compter à l'effectif de la milice : soit au total, par groupe, six ou huit cavaliers.

Chaque groupe aurait un état-major français constitué par un lieutenant-colonel ou colonel commandant, un chef de bataillon adjoint, un lieutenant adjudant-major, deux officiers comptables, un médecin. Les batteries seraient d'abord fournies par le gouvernement français, avec tout leur personnel et leur matériel; le gouvernement annamite en paierait ultérieurement la solde et l'entretien. Le commandement des groupes dépourvus d'artillerie pourrait être exercé par un chef de bataillon ayant pour adjoint un capitaine.

Les officiers français seraient détachés sur leur demande, en congés de trois ans renouvelables, dans l'armée annamite et auraient une assimilation dans le

mandarinat des quan-vân, au-dessus de la 2ᵉ classe du
4ᵉ degré (1). Leurs services compteraient pour l'ancienneté et pour la retraite, mais ne leur donneraient, en
temps de paix, aucun droit à une proposition d'avancement au choix. L'officier général ministre de la guerre
à Hué, seul, serait désigné d'après une entente entre le
gouvernement français et le gouvernement général
parmi les généraux ayant la pratique des affaires indo-
chinoises. Il serait responsable vis-à-vis du général
commandant supérieur de la défense du royaume d'Annam et aurait à ce sujet la plus grande initiative com-
patible avec les nécessités de l'administration intérieure
du protectorat.

Les vê-quân et les dôi seraient commandés par des
indigènes judicieusement choisis, dont le rang officiel
serait fixé au préalable par une entente entre le gouvernement général et le gouvernement de Hué. Ceux
qui justifieraient d'une solide instruction et de sérieu-
ses qualités morales pourraient exceptionnellement oc-
cuper l'emploi d'adjoint au chef de groupe, mais jamais celui de chef. On récompenserait les actions d'é-
clat ou les bons services par des distinctions honorifi-
ques : décorations annamites ou françaises, titres ou
fonctions dans l'administration civile, au-dessus de la
2ᵉ classe du 4ᵉ degré du mandarinat.

Le cadre subalterne serait aussi exclusivement annamite. Il comprendrait : dans un vê-quân, un officier
adjoint ou phô-vê-hûy, un médecin, un comptable ou
thô-lai ; dans un dôi, un thô-lai, 4 sergents ou dôi-
trûông, 8 caporaux ou ngû-trûông, 18 linhs de 1ʳᵉ classe
ou bêp et 70 linhs de 2ᵉ classe. En outre, un médecin
indigène serait adjoint au médecin du groupe.

---

(1) Cette assimilation serait toute théorique et ne règlerait que
les relations officielles entre les officiers français et les autorités
indigènes.

L'avancement des gradés jusqu'au cai-dôi inclusivement aurait lieu à l'ancienneté ; la nomination des vê-huy et des phô-vê-huy, moitié au choix et moitié à l'ancienneté ; celui des adjoints au chef de groupe, pho-dê-doc et des médecins adjoints exclusivement au choix. L'on éviterait ainsi les causes de corruption et de concussion ; le principe de l'ancienneté n'aurait pas pour conséquence l'avancement d'incapables qu'il serait facile d'éliminer en temps utile. Les cadres subalternes des dôi seraient nommés par le chef de groupe ; les cai-dôi, pho-vê-huy et médecins de vê-quan seraient titulaires d'un brevet du ministre de la guerre ; le roi signerait les promotions des vê-huy, des pho-dê-dôc et des médecins adjoints.

La solde des « officiers » annamites serait calculée avec moins de parcimonie que les traitements actuels des autorités provinciales ; elle devrait être suffisante pour les préserver de la tentation des concussions. Trente ans de services ou des blessures incurables donneraient droit à une pension de retraite égale à la moitié de la solde.

De même que pour les cadres supérieurs, la solde de la troupe suffirait aux besoins des hommes. Elle exclurait la contribution des communes qui n'auraient pas à servir de rente annuelle à leurs recrues.

La durée réglementaire du service serait de trois ans dans l'armée active (1), trois ans dans la réserve ; on n'accepterait pas après six ans le rengagement des simples soldats. Les sous-officiers et caporaux, seuls, pourraient être maintenus jusqu'à dix ans et, de retour dans leurs villages, bénéficieraient d'une demi-exemption de

---

(1) Il semble inutile d'imposer en Annam une plus longue durée de service ; trois ans correspondent à l'ancien service décennal fait en trois bans. L'Annamite est discipliné, suffisamment intelligent et devient aisément bon tireur.

l'impôt personnel. Il n'y aurait pas de « hautes payes de rengagement », mais des « classes » ayant pour conséquence une augmentation de solde et qui représenteraient des avancements successifs dans le même grade. On n'instituerait pas de pensions de retraite pour la troupe ; mais le gouvernement annamite donnerait des secours ou pensions de réforme dans le cas de blessures incurables ou d'amputations résultant d'accidents dus au service. Après dix ans, les dôi-truong méritants et suffisamment instruits pourraient avoir un emploi du 6ᵉ ou 7ᵉ degré dans l'administration civile.

Les réservistes seraient convoqués au moins une fois par période de vingt-huit jours ; leur mobilisation générale pourrait porter à 70.000 hommes l'effectif de l'armée annamite.

Recrutement. — Le recrutement aurait lieu annuellement, par province. Par suite des différences de population, les charges militaires seraient inégalement réparties ; mais le chiffre restreint du contingent les rendrait très supportables, même dans les provinces les moins peuplées. Le nombre d'hommes nécessaire serait fixé, dans les communes, proportionnellement au nombre des inscrits.

La commission de recrutement comprendrait : le chef de groupe ou son adjoint, président ; le quan-bô, un délégué français du résident de la province, un médecin du groupe et le quan-phu (préfet) du territoire où se réunit la commission. Elle visiterait les deux ou trois principaux centres de la province où les recrues seraient conduites par le conseil exécutif de leur commune d'origine. Elles devraient être âgées de 25 à 30 ans, robustes, avoir une taille minimum de 1 m. 60 ; chaque commune présenterait, pour permettre le choix, un nombre d'hommes double ou triple du nombre de recrues prescrit, d'après les ressources de sa population et les exigences du contingent.

Suivant l'ancienne coutume annamite, les recrues appartiendraient à des familles aisées. Il est juste de faire supporter les risques de guerre par ceux à qui la guerre peut causer des préjudices. En outre, en acceptant l'incorporation de gens dénués de moyens d'existence, on enlèverait à la colonisation industrielle ou agricole, européenne ou indigène, une partie de la main-d'œuvre qui est trop rare en Annam. Les recrues présentées devant la commission devraient avoir leurs titres de propriété, ou ceux de leur famille, qui seraient contrôlés sur les dien-bô et les bôn-thâo déposés dans les bureaux du bô-chanh.

Les effectifs seraient constamment tenus au complet ; le remplacement des déserteurs ou des décédés s'effectuerait immédiatement suivant les usages de l'ancienne armée annamite (1).

Administration. — L'administration des nouvelles troupes serait réduite à sa plus simple expression. Toute la comptabilité serait établie en quôc-ngu dont la vulgarisation est désirable. Les rapides résultats obtenus en Cochinchine par la diffusion de la transcription phonétique de la langue rendent évidente en Annam aussi bien qu'au Tonkin l'utilité de cette transformation des caractères chinois (2). Tous les officiers français devraient donc écrire et parler parfaitement l'Annamite. L'emploi d'interprètes serait rigoureusement interdit.

Les officiers comptables du groupe centraliseraient les demandes des cai-dôi transmises par les vê-hùy et y

---

(1) Voir : Schreiner, *Institutions annamites*, t. III, p. 54.

(2) Il ne saurait être question de proscrire en pays annamite l'écriture idéographique si nécessaire aux indigènes pour les relations commerciales avec la Chine et le Japon.

feraient droit. Un magasin central situé au siège du commandement approvisionnerait, suivant leurs besoins, les unités détachées. Le paiement de la solde serait fait à terme échu, d'après les droits acquis constatés par les cai-dôi sur des situations de cinq ou de dix jours. Elle serait perçue directement à la caisse provinciale d'après des états visés par un fonctionnaire français de la résidence et par le quan-bô, chargé de la surveillance administrative du groupe.

Les linhs devraient avoir, sans cesse, leur armes en parfait état ; mais les effets d'habillement, de campement et d'équipement auraient une durée réglementaire ; leur remplacement s'effectuerait d'office aux époques fixées. L'on allouerait, par exemple, à chaque soldat trois collections d'habits, deux musettes, un coupe-coupe, un bidon, un quart par an, une couverture et une marmite pour trois ans, un grand équipement pour six ans. L'Etat supporterait les pertes par cas de force majeure ; les pertes dues à la négligence seraient, outre une punition disciplinaire, remplacées aux frais des hommes par des retenues sur la solde.

Ce système n'occasionnerait pas d'inutiles dépenses. L'entretien des troupes de l'Annam, par suite du faible prix de revient des objets ou effets nécessaires, n'exigerait pas une comptabilité compliquée, basée sur la défiance réciproque et l'économie méticuleuse, dont le fonctionnement avec son cortège d'employés, de transports, de fournitures de bureau serait plus onéreux que les bénéfices qu'il ferait réaliser.

La création de magasins de vivres dans les divers groupes paraît superflue. Les troupes annamites, combattant dans leur pays, trouveront toujours en campagne les occasions de se ravitailler chez l'habitant. Les officiers du cadre devraient pourvoir à leur nourriture par leurs propres moyens.

Il serait facile d'obtenir des chefs indigènes une scrupuleuse exactitude dans l'établissement des pièces comptables, car leurs soldes leur permettraient l'honnêteté. Des inspections soudaines et minutieuses feraient constater les irrégularités. La sanction serait immédiate, rigoureuse et publique. La destitution ou la cassation, le châtiment corporel ou la peine de prison subie dans la prison civile du chef-lieu de la province, l'affichage du délit et de la punition dans toutes les communes du royaume maintiendraient chefs de dôi et de vê-quân dans le droit chemin.

Habillement et armement. — L'habillement serait analogue à celui de nos tirailleurs ; la douceur du climat rendrait inutiles les collections d'effets d'hiver en usage dans les troupes du Tonkin. Toutefois, comme marque distinctive, on pourrait adopter un type d'écusson circulaire sur la poitrine et le dos où figureraient en caractères les indications du groupe et du vê-quân ; la grande tenue ou tenue de parade aurait des analogies avec le costume officiel des satellites des grands mandarins de Hué. La coiffure si peu pratique de nos troupes indigènes deviendrait le chapeau conique des linh-lê, et les attributs rouges ou bleus des tirailleurs ou miliciens seraient jaunes dans l'armée royale des linh-vê.

Les troupes d'infanterie seraient armées du mousqueton 1892 ou, mieux encore, du fusil indo-chinois modèle 1902. Cette arme serait très bien appropriée aux linhs de l'Annam que l'on choisirait plus grands et plus vigoureux que nos soldats indigènes du Tonkin. Le gouvernement français pourrait, sans s'appauvrir beaucoup, faire cadeau des fusils et de 30 millions de cartouches au gouvernement annamite qui en paierait seulement le transport.

Les réparations à l'armement seraient exécutées au

chef-lieu du groupe qui posséderait un atelier suffisamment outillé, dirigé par un armurier indigène. L'adjudant-major du groupe remplirait les fonctions d'inspecteur d'armes et, dans des tournées semestrielles, vérifierait l'état des carabines en service.

Si les richesses minières de nos possessions, plus tard mieux connues, montrent la possibilité d'installer une cartouchière et une poudrerie locales, cette usine devant satisfaire aux besoins de toutes nos forces pourrait être installée aux environs de Tourane, à proximité du futur transindo-chinois, sous la protection immédiate des troupes de cette garnison.

L'artillerie posséderait le matériel de 80 de montagne ; elle serait approvisionnée à 300 coups par pièce. Il serait peut-être convenable de constituer les batteries à 4 pièces pour augmenter leur mobilité, mais en leur conservant le nombre réglementaire d'animaux de transport. Avec le développement des voies de communication l'on tenterait le dressage de bœufs ou de chevaux du pays qui traîneraient les pièces attelées et que l'on substituerait peu à peu aux mulets trop onéreux. L'on pourrait aussi essayer de l'éléphant comme moyen de transport ; les Anglais possèdent, aux Indes, des batteries ainsi équipées ; ils s'en déclarent satisfaits.

Casernements. — Les casernements des troupes d'infanterie ne coûteraient pas trop cher ; on les construirait analogues au camp des Mâres, c'est-à-dire en paillottes et torchis. Les logements des cai-dôi et des état-majors de vê-quân seraient plus confortables. On édifierait pour ces officiers indigènes des maisons en briques, couvertes en tuiles, en rapport avec les grades et bâties d'après le type des maisons de bourgeois annamites. Ces logements, payés par les budgets provinciaux, seraient donnés à l'entreprise indigène par le service des travaux publics de la province, après entente avec le chef de groupe, suivant un cahier des charges qui assurerait la solidité et la durée de ces bâtiments.

Les baraquements de la troupe seraient construits par les linhs eux-mêmes, au moyen de crédits inscrits aux budgets provinciaux et employés sous la responsabilité des chefs de vê-quân. Ils seraient, dans leurs grandes lignes, conformes aux dispositifs établis par le chef de groupe.

Les officiers français habiteraient, au chef-lieu du groupe, des pavillons à l'europénne dont l'architecture et l'installation seraient en rapport avec la situation sociale des occupants, et payés par le budget local de l'Annam.

Une somme annuelle, judicieusement calculée d'après les ressources des diverses régions, inscrite au budget provincial et mise à la disposition du chef de groupe, assurerait l'entretien des casernements des linhs et des logements de leurs chefs indigènes. L'entretien des pavillons occupés par les officiers français serait payé par le budget local du royaume. Le service des travaux publics déjà existant remplacerait ainsi, à la satisfaction commune, le traditionnel Service des Constructions de l'Artillerie.

Service sanitaire. — Le service sanitaire fonctionnerait de la manière suivante. Le médecin français du groupe aurait la direction générale du service ; il aurait donc sous ses ordres les médecins indigènes des vê-quân diplômés de l'Ecole de médecine de Hanoï (1) ; et, dans les groupes possédant une batterie, le médecin et le vétérinaire de cette batterie. Secondé par le médecin indigène de l'état-major et par des infirmiers annamites il s'occuperait spécialement d'un hôpital où pourraient être admis les malades européens de la pro-

---

(1) La création à Hué d'une école analogue semble désirable.

vince et qui serait subventionné par le budget provincial. En outre, le budget local ouvrirait un crédit à chaque médecin chef du service, sous la surveillance du chef de groupe, pour assurer le fonctionnement des ambulances de vê-quân et de l'hôpital (médicaments, instruments, infirmiers, etc.). Le médecin percevrait ces crédits à la caisse provinciale et justifierait de leur emploi par des pièces comptables expédiées à Hué.

Les médecins de vê-quân auraient rang d'officier annamite. Ils traiteraient les linhs dans une ambulance et, en cas de maladie grave, décideraient leur évacuation sur la formation sanitaire du groupe. Quoique hiérarchiquement placés sous les ordres des vê-hùy, ils auraient en matière médicale, dans les vê-quân isolés, les attributions des médecins français dans les corps de troupe. Ils exerceraient, d'après un accord entre le chef de groupe et les autorités provinciales, les fonctions de médecins de colonisation.

Dans les groupes dotés d'une batterie, cette unité devant stationner au centre du groupe, le médecin de la batterie pourrait être employé à l'hôpital, de façon à donner plus de liberté d'action au chef du service de santé.

Pendant les hostilités, les médecins indigènes seraient chargés du service de première ligne ; le médecin chef aidé par son adjoint ou, suivant le cas, par le médecin de la batterie, installerait, selon les circonstances, l'hôpital de campagne. Les malades qui ne pourraient pas prendre une part utile aux opérations seraient, après guérison suffisante, congédiés avec un certificat de libération.

Ravitaillements et transports. — L'organisation du service des ravitaillements serait adaptée aux nécessités spéciales de l'armée annamite, à la nature du pays, à la répartition des effectifs.

Nous avons supposé que les forces d'artillerie s'élevaient à 6 batteries : elles représentent 400 soldats français ; d'autre part, les envois d'armes, de munitions, de médicaments, d'habits et de matériel doivent être, aussi bien que les vivres, déposés tout le long de la côte d'Annam. Il semble avantageux de faire appel, pour les livraisons, au commerce privé. Le ministère de la guerre de Hué passerait donc des marchés, sauf pour le matériel de guerre, avec des fournisseurs, qui devraient aussi assurer les transports des quantités déterminées pour d'assez longues périodes (deux ou trois ans par exemple), à des localités judicieusement choisies. L'exécution de cette prescription aurait d'ailleurs pour conséquence le développement du cabotage si utile à la prospérité économique de l'Annam. Ces localités ou ports pourraient être : Phan-Tiet, Phan-Rang ou la baie de Cam-Ranh, Nha-Trang, Qui-Nhôn, Quang-Ngai, Fai-Foo, Quang-Tri ou Thien-Phong, Dong-Hoi, Ha-Ting, Vinh, et Thanh-Hoa où les fournisseurs établiraient des magasins (1). Les chefs de groupe assureraient le transport des bagages ou denrées du point de débarquement jusqu'aux magasins du groupe qui, dans les groupes mixtes, seraient communs à la batterie et aux vê-quân.

Il suffirait, pour cela, de doter les divers éléments du groupe de moyens de transport permanents et peu coûteux. Dans quelques districts, on pourrait employer des chariots rustiques traînés par des bœufs ; mais, d'une manière générale, les chevaux de bât, si nombreux dans certaines régions, rendraient les plus grands

---

(1) Lorsque le chemin de fer de Tourane - Hué - Quang-Tri - Vinh - Tranh-Hoa sera terminé, cette voie ferrée serait naturellement la ligne de ravitaillement des groupes du nord. Les groupes du sud seraient plus avantageusement ravitaillés par le cabotage entre Tourane et Saïgon.

services (1). Les budgets provinciaux paieraient l'achat et l'entretien de ces animaux dont l'utilisation éviterait les constantes réquisitions de coolies. Quelques linhs comptant dans l'effectif rempliraient les fonctions de conducteurs et de convoyeurs.

Ces moyens de transport donneraient, en outre, aux diverses troupes en campagne la rapidité, le secret des mouvements. Ils seraient suffisants, dès le temps de paix, pour l'exécution du service des ravitaillements, et feraient partie des unités qu'ils devraient suivre en temps de guerre. On pourrait fixer ainsi le nombre de chevaux nécessaires : par dôi, 4, dont 1 pour les fonds (sapèques et piastres), 3 pour les munitions (45 cartouches par homme) ; par vê-quân, 4, dont 2 pour le matériel médical et 2 pour les fonds ; par groupe, 30, dont 10 pour les archives, les fonds et les éclopés, 4 pour le matériel médical et 16 pour les munitions (20 cartouches par homme), soit 90 chevaux pour l'ensemble du groupe, et 1.170 pour les troupes d'infanterie. Les officiers annamites et le cadre français du groupe se procureraient à leurs frais leurs moyens de transport ; il leur serait également interdit d'employer des linhs comme serviteurs ; leur solde est suffisante pour l'entretien de chevaux et d'une domesticité civile.

Chaque batterie recevrait aussi 30 chevaux dont 20 porteraient chacun 6 obus avec leurs charges dans 2 caisses (60 kilos environ), ce qui donnerait un approvisionnement de 20 coups par pièce, et 10 chevaux affectés au transport du matériel médical et vétérinaire, des fonds et archives, et des éclopés.

---

(1) L'entretien des chevaux n'est pas onéreux. En Annam, ces animaux ne mangent que de l'herbe. Quelques propriétaires leur donnent en outre un peu de maïs que l'on récolte en abondance du Binh-Dinh au Binh-Thuân. La charge normale d'un cheval de bât est *au minimum* de 50 kilos de poids utile.

Enfin, dans certains cas, le chef de groupe pourrait utiliser en temps de paix les aptitudes nautiques des Annamites. Il y aurait souvent avantage à effectuer une partie des transports au moyen d'une jonque de mer appartenant au groupe, achetée par le budget provincial et montée par des linhs.

Instruction. — L'instruction pratique de l'armée annamite serait faite d'après les règlements de l'armée française. On négligerait l'enseignement de la gymnastique inutile à des soldats agiles et souples naturellement ; mais l'entraînement à la marche serait constamment pratiqué. La préparation à la guerre de partisans serait le but principal, les troupes ne devant pas agir en grandes masses ; mais, au contraire, par fractions souvent peu nombreuses, opérant dans un pays difficile. On consacrerait de multiples séances à l'exécution de tirs dans des terrains différents, suivant des hypothèses de guerre. Le plus souvent, l'établissement de champs de tir particuliers sera inutile.

Il faudrait, en outre, dresser minutieusement les chefs indigènes à la lecture de la carte, à l'exécution de petits thèmes tactiques dont le dôi et le vê-quân seraient les facteurs et dont les divers genres d'opérations possibles en Annam fourniraient les sujets. L'on effectuerait fréquemment avec cartouches à blanc et ennemi représenté de nombreux exercices de surprises, embuscades, attaques de convois, défenses de défilés, mise hors de service des voies de communication, marches de nuit, reconnaissances au loin, bivouacs ; l'on s'appliquerait à obtenir une transmission fidèle et rapide des ordres et des renseignements.

Les chefs de groupe développeraient l'instruction générale et l'instruction théorique des cai-dôi dignes de l'avancement au choix. Ils dirigeraient des cours professés au chef-lieu du groupe par les officiers du cadre français, suivant un programme succinct fixé par le ministre de la guerre. Le ministre donnerait également les sujets de compositions pour l'examen du choix. Les candidats au grade de pho-dê-dôc iraient concourir à Hué.

Les chefs de groupes voisins complèteraient l'instruction des troupes sous leurs ordres par des manœuvres semestrielles ou annuelles organisées de province à province soit par entente commune, soit d'après les indications du ministre. Ces manœuvres auraient pour thème initial l'hypothèse d'un débarquement ou d'une insurrection et permettraient d'étudier le fonctionnement du service des transports.

La guerre en pays annamite étant surtout défensive, il serait fait, dans l'instruction, une place honorable à l'enseignement des travaux de campagne et d'organisation de positions. Les indigènes sont passés maîtres dans l'établissement des défenses accessoires ; nous n'aurions qu'à développer cet instinct en le complétant par la connaissance méthodique de nos procédés de fortification passagère. En outre, le chef de groupe devrait reconnaître soit par des voyages d'études, soit pendant les tournées de la commission de recrutement, les emplacements favorables à l'organisation de positions qu'il ferait exécuter comme exercices au cours des manœuvres semestrielles.

Le service intérieur serait réduit au strict minimum. Le service des places serait adapté aux institutions du pays (1). Le souverain, les ministres, les chefs de province indigènes et les grands mandarins, les résidents et vice-résidents auraient droit, dans les circonstances

---

(1) Il serait avantageux d'organiser dans les citadelles de chaque province un lieu de refuge pour les Européens, colons ou fonctionnaires, en cas de troubles ou d'insurrection.

officielles, à des honneurs imités de ceux que le règlement reconnaît en France aux titulaires de fonctions et dignités analogues. Les quan-phu et les quan-huyên auraient droit au salut, ainsi que les fonctionnaires français en costume officiel et les gardes et inspecteurs de la milice. Dans un pays hiérarchisé comme l'Annam, où le respect apparent du mandarin est très grand, cette futile question des honneurs a beaucoup d'importance. Elle pourrait être traitée, au préalable, à Hué par une commission composée de représentants de l'autorité militaire, de la résidence supérieure et du gouvernement royal.

Les restrictions du règlement français sur le droit au commandement des officiers étrangers ne s'appliqueraient pas en Annam. Les officiers comptables et le médecin pourraient, dans des cas bien déterminés, se trouver provisoirement sous les ordres d'un pho-dê-dôc. Le caractère spécial de leurs fonctions rendrait fort acceptable leur passagère subordination.

Les commandements de manœuvres et les règlements seraient, comme la comptabilité, faits en langue annamite. Cependant, dans les dôi, le tho-lai, qui devrait avoir un brevet d'interprète, ferait journellement une classe pratique de français aux linhs. Il ne recevrait aucun supplément de solde, mais aurait droit à l'avancement au choix.

Discipline. — Il ne saurait être question dans une armée ainsi constituée d'établir une discipline à l'européenne analogue à celle qui régit nos régiments de tirailleurs. La population du royaume est restée profondément annamite ; il faudra donc traiter, surtout dans les débuts de l'organisation, ses soldats suivant les coutumes nationales en usage dans l'ancienne armée. Le système des récompenses est déjà esquissé dans un paragraphe précédent ; il ne reste plus qu'à indiquer les pénalités qui seraient modifiées ultérieurement suivant l'état mental des indigènes. « L'unique peine disciplinaire était le rotin. Les sous-officiers n'avaient pas le droit de punir. Les cai-dôi avaient pouvoir jusqu'a 30 coups. Les vê-huy, informés par leurs cai-dôi, pouvaient infliger jusqu'à 50 coups de rotin (1). » (Code annamite, art. 1er, décret I.)

La désertion de moins d'un mois, si fréquente, n'aurait, ainsi qu'autrefois, comme conséquence, que la perte de la solde acquise au jour de la désertion et quelques coups de rotin ; en campagne, la pénalité serait plus sévère.

Le chef de groupe aurait, pour les crimes ou délits commis par des militaires, les attributions du quan-an (grand juge de la province) dans l'ancienne organisation ; il s'inspirerait pour la répression des articles 9, 32, et des articles 165 à 222 inclus du Code annamite (2). Si les faits délictueux étaient commis avec le concours ou la complicité de civils, les linhs seraient déférés au quan-an de la province.

Les réclamations collectives seraient « non seulement admises, mais ordonnées ». Le décret III faisant suite à l'article 306 contient ce passage caractéristique : « Si un chef militaire diminue la solde ou les rations, les chefs subalternes commandants d'escouades et de compagnies devront absolument présenter une plainte collective avec leurs soldats (3). »

Le chef de groupe pourrait prononcer la rétrogradation ou la cassation des dôi-truong, des ngu-truong et des bêp. Les cai-dôi, pho-vê-huy et médecins de vê-quân, quoique ayant rang d'officier, seraient, pour les

---

(1) Schreiner, *Institutions annamites*, t. III, p. 118.
(2) Schreiner, *op. cit.*
(3) *Ibid.*

sanctions corporelles, soumis à la loi commune. En cas
de nécessité, ils seraient traduits devant un conseil d'enquête composé du chef de groupe ou de son adjoint,
président avec voix prépondérante ; des deux officiers
comptables, de deux vê-huy à l'exclusion du chef direct
et d'un officier égal en grade à l'accusé. La délibération
du conseil certifiant la culpabilité serait adressée au
ministre de la guerre qui prononcerait la destitution.
Le coupable serait détenu en prison par ordre du chef
de groupe, en attendant la décision ministérielle.

Les vê-huy, médecins de groupe, pho-dê-dôc seraient
exempts de peines corporelles ; leur situation militaire
serait, comme celle des cai-dôi et assimilés, garantie
par un conseil d'enquête composé du chef de groupe président avec voix prépondérante, de son adjoint et de
deux officiers égaux en grade à l'inculpé, désignés dans
le groupe ou dans les groupes voisins. Le résultat de la
décision du conseil serait adressé au ministre qui ferait
prononcer par le roi la destitution ou la non-activité.

Répartition. — Les troupes ainsi constituées seraient
réparties dans les provinces suivant les principes du
service de sûreté en station. Le groupe aurait en réserve
une notable portion de son effectif ; le reste, partagé
en fractions jamais inférieures au dôi, surveillerait les
points de la côte où l'on pourrait craindre un débarquement inopiné. Il n'y a pas à se préoccuper, pour des
raisons politiques, de tenir garnison dans les localités
importantes : les forces de milice sont, comme il a
été dit, suffisantes pour assurer la police et la sécurité
intérieure du pays. L'armée annamite a sa première ligne de combat sur la mer ; elle remplira sa mission si
ses divers éléments peuvent être conduits rapidement,
en forces respectables, sur le point menacé.

La nature du pays, le nombre et la facilité des ports
naturels, les chances d'invasion doivent inspirer la ré-

partition du groupe. Dans certaines provinces, celles
du sud notamment, cette répartition variera aussi avec
l'état de la mer selon la mousson : telle plage inabor-
dable pendant une moitié de l'année sera au contraire
très accessible pendant l'autre moitié. En principe,
dans un groupe comprenant une batterie et stationné
dans une province possédant quatre plages à peu près
sûres, on placerait, par exemple, un vê-quân et l'artillerie en réserve, deux vê-quân en ligne ; chacune de ces
unités conservant deux dôi groupés détacherait les deux
autres en postes d'observation. Un ennemi qui tenterait
un débarquement aurait ainsi, dès la première journée,
300 fusils devant lui et, un ou deux jours plus tard,
toutes les forces du groupe secondées par les éléments
les plus rapprochés des groupes voisins et quelques
fractions de milice qui se mettraient, réglementaire-
ment, sous les ordres du chef du groupe, soit quelques
milliers d'hommes (1).

La réserve occuperait, en temps de paix, la citadelle
qui existe encore dans presque tous les chefs-lieux de
province, et qui lui donnerait une position centrale, à
proximité de la résidence française. Les autorités provinciales, d'accord avec le chef du groupe, feraient tra-
cer et régulièrement entretenir par la main-d'œuvre
pénale, ou tout autre moyen, les routes et chemins assu-
rant de rapides et sûres communications entre les fractions détachées et le centre du commandement.

Première formation. — Il semble difficile de former

____

(1) C'est peu, semble-t-il, contre les 150.000 hommes que le Japon doit, dit-on, débarquer un beau jour sur nos côtes d'Indo-
Chine. Sans démontrer la vanité de ces craintes, on peut observer
que le Dê-Tham, par exemple, n'a jamais eu plus de 300 fusils,
qu'il a combattu dans un pays moins difficile que l'Annam et
qu'il a défié tous nos efforts. Les Annamites guerroyant avec
nous contre un adversaire qui n'est pas encore près de nous éga-
ler obtiendront proportionnellement de bien plus beaux résultats.

immédiatement, sans y consacrer des sommes trop considérables, une armée annamite ainsi constituée. En procédant avec prudence, le résultat s'obtiendrait cependant assez aisément.

L'on trouverait sans peine les états-majors du ministère de la guerre et des groupes provinciaux, ainsi que les batteries d'artillerie ; l'on n'aurait plus qu'à mettre en mouvement le mécanisme des vê-quán et des dôi. Pour la première formation, il faudrait désigner d'après les demandes des officiers coloniaux de l'Indo-Chine et de la métropole, mais surtout d'après leur connaissance de la langue et leurs aptitudes au commandement des indigènes, un cadre instructeur comprenant des capitaines ou des chefs de bataillon pour les vê-quan, des lieutenants pour les dôi. Il suffirait d'organiser dans chaque groupe un vê-quan et 4 dôi qui se dédoublerait au bout de deux ans ou plus tôt si les circonstances le rendaient possible ou nécessaire ; il n'y aurait plus qu'à dresser les cadres subalternes, les cai-dôi et les vê-huy.

L'on pourrait faire appel, pour les cadres subalternes, aux gradés de nos régiments indigènes de Cochinchine et du Tonkin. Pendant la période de dressage, le temps de séjour en Annam compterait comme campagne de guerre ; les officiers français, outre leur solde coloniale, auraient l'indemnité de service prévue ; le cadre indigène aurait l'indemnité de marche accordée aux Annamites du régiment de Cochinchine. Dans chaque dôi, deux ou trois sergents annamites possesseurs du diplôme d'interprète militaire, médaillés, retraités ou en activité, seraient adjoints à l'officier français chef de dôi pour se préparer à leurs futures fonctions de cai-dôi. On donnerait l'emploi de tho-lai aux anciens caporaux fourriers du régiment de tirailleurs annamites ou à des gradés de ce régiment où la con-

naissance du quôc-ngû et l'instruction en général
sont plus répandues que dans les régiments tonkinois.
Le tho-lai dresserait à son tour, sous la surveillance
du commandant du dôi, deux ou plusieurs linhs des-
tinés à le remplacer. En deux années, on pourrait former, grâce à l'esprit d'assimilation de la race annamite, un nombre de cai-dôi, de tho-lai et de gradés
subalternes suffisant pour le dédoublement du vê-
quân. Ce délai ne saurait être dépassé, afin d'éviter
la désorganisation possible des unités au premier recrutement triennal.

Le cadre instructeur français ne serait pas aug-
menté ; mais chaque officier de dôi dirigerait un nom
bre double d'unités commandées, chacune, par les cai
dôi déjà formés. Le chef de vê-quân commanderait les
8 dôi ; il ferait choix parmi les cai-dôi de deux indigènes lui paraissant dignes d'être nommés vê-huy et
pho-vê-huy. Il les dresserait en conséquence en leur
faisant remplir les fonctions d'adjoint tout en leur
laissant la direction de leurs unités.

Après cette nouvelle période de deux années, c'est-
à-dire en quatre ans, le premier vê-quân fonctionnerait normalement. Un troisième vê-quân serait organisé et groupé avec le deuxième comme le deuxième
l'était avec le premier. Chaque groupe pourrait être
ainsi complété en six ans et le cadre français supplé-
mentaire deviendrait inutile. Peu à peu l'on élimine-
rait les éléments annamites étrangers au royaume,
de façon à n'avoir que des cadres pris dans la population du pays. La situation morale des officiers indigènes rendrait l'institution nouvelle rapidement popu-
laire.

Les officiers français instructeurs devraient accom-
plir autant que possible un séjour ininterrompu de
quatre ans pour éviter des changements de personnel

nuisibles dans une période de première formation.
L'organisation du service de santé et du service de
transports suivrait la même progression que la cons-
titution des troupes, de façon à ne pas obérer les budgets provinciaux qui, comme on l'a vu, devraient sub-
venir à une partie de ces dépenses.

Prix de revient. — En attendant que le budget local
du royaume soit assez riche pour payer entièrement
les nouvelles dépenses militaires, les frais occasionnés
par l'organisation défensive pourraient être répartis
entre le budget et la caisse de réserve de l'Annam, la
caisse de réserve du budget général aidés par des subventions de la métropole, subventions dont l'importance diminuera chaque année.

L'estimation approximative des dépenses se ferait
de la manière suivante, en supposant le taux moyen
de la piastre à 2 fr. 30 environ.

I. — Budget local.

A) TROUPES D'INFANTERIE

CHAP. Iᵉʳ. — *Solde.*

§ I. — *Cadre français.*

	Francs.	Francs.
Ministère de la guerre, état-major, bureaux	150.000	
13 chefs de groupe (à 25.000 francs) : part de l'Annam, 8.728 francs.............	113.464	
7 adjoints (à 15.000 francs) : part de l'Annam, 3.984 francs..................	27.888	
13 médecins (à 10.000 francs) : part de l'Annam, 4.000 francs...................	52.000	
13 lieutenants adjudants-majors (à 8.000 francs) : part de l'Annam, 2.600 francs.	33.800	
26 officiers comptables (à 10.000 francs : part de l'Annam, 2.920 francs........	75.920	
TOTAL pour le cadre français..		453.072(1)

§ II. — *Cadre et troupes indigènes.*

6 adjoints indigènes à 7.500 francs.....	45.000	
13 médecins-adjoints à 3.000...........	39.000	
39 médecins de vê-quân à 2.500...... ...	97.500	
39 vê-huy à 4.500.....................	175.500	
39 pho-vê-huy à 2.500.................	97.500	
A *reporter*.............	454.500	453.072

---

(1) Si l'on admet que les 7 groupes dépourvus d'artillerie seront commandés par des chefs de bataillon ayant pour adjoints des capitaines, on réalise une économie de : $7 \times (8.728 - 3.984) + 7 \times (3.984 - 2.920) = 40.656$ francs.

	Francs.	Francs.
Report..........................	454.500	453.072
156 cai-dôi à 2.500.....................	390.000	
195 tho-lai à 750........................	146.250	
156 dôi-truông à 550....................	85.800	
312 — 475.......................	148.200	
156 —. 400.......................	62.400	
312 ngû-truông à 325....................	101.400	
312 — 300.......................	93.600	
312 — 275.......................	85.800	
312 — 250.......................	78.000	
2.808 bêp à 200.........................	561.600	
10.920 linhs à 150......................	1.638.000	
156 employés (à raison de 12 par groupe : ouvriers et secrétaires) à 300...	46.800	
TOTAL pour le cadre et la troupe indigènes (16.243 hommes)..		3.892.350
TOTAL du chapitre Ier..........		4.345.422

CHAP. II. — *Habillement*

	Francs.	Francs.
Calculé à raison de 0 fr. 07 par homme et par jour pour 15.951 hommes.........	403.000	403.000

CHAP. III. — *Armement.*

	Francs.
Remplacement de 800 mousquetons ou fusils 1.902 par an, la durée de mise en service d'une arme étant de 20 ans, 40 francs l'une, y compris les frais de transport............	32.000
Consommation normale de cartouches à raison de 120 par homme, à 0 fr. 10 l'une, y compris les frais de transport.......	200.000
Cartouches à blanc.....................	10.000
Prix de tir et divers...................	10.000
(L'outillage des ateliers d'armement serait fourni gratuitement par la métropole.)	
	252.000

CHAP. IV. — *Equipement et campement.*

	Francs.
Remplacement annuel de 2.700 équipements et campements dont la durée de	
A reporter............	5.000.422

	Francs.	Francs.
Report..................		5.000.422
service est de 6 ans, à 20 francs l'un, y compris frais de transport..........	54.000	
Outillage des ateliers et matières premières.............................	4.000	
		58.000

Chap. V. — *Casernement.*

	Francs.	Francs.
Entretien du ministère de la guerre.....	7.500	
» de 13 hôtels de chefs de groupe à 500 francs l'un.....................	6.500	
Entretien de 13 pavillons d'adjoint à 400.	5.200	
» 13 pavillons d'officiers comptables à 500............................	6.500	
Entretien de 13 pavillons d'adjudant-major à 300.............................	3.900	
Entretien de 13 pavillons de médecin à 300.	3.900	
» 13 magasins de groupe à 500.	6.500	
		40.000 (1)

Chap. VI. -- *Service médical.*

	Francs.	Francs.
Crédits alloués pour le fonctionnement *a*) de 13 hôpitaux de groupe (comprenant 1 religieuse française, 2 indigènes et un nombre variable d'infirmiers), à raison de 6.000 francs par hôpital......	78.000	
b) 39 ambulances de vê-quân à 500 francs.	19.500	
Imprévus...........................	2.500	
		100.000

Chap. VII.

	Francs.
Pensions de réforme, frais de passage et divers.............................	201.578
Total..............	5.400.000

---

(1) Afin de simplifier la comptabilité et les formalités de réparations, ces frais d'entretien seraient, soit alloués aux intéressés qui en disposeraient suivant leurs besoins, soit pris en recette par les budgets provinciaux et dépensés par les soins du conducteur des travaux publics de la province.

B) Troupes d'artillerie

Les finances de l'Annam ne permettront pas de longtemps l'addition à ces charges de l'entretien de 6 batteries sur son territoire. Il conviendrait donc d'en faire supporter provisoirement la dépense par la métropole qui les détacherait outre-mer, ou par le budget général. L'Annam contribuerait ultérieurement à cette augmentation de nos frais d'occupation par une subvention proportionnelle à l'accroissement de son budget local. Cependant, si l'on admet que l'entretien de l'artillerie de l'armée annamite est une dépense normale de suzeraineté, l'on voit que le budget militaire du protectorat limité à l'organisation d'une infanterie indigène dépasse dans des proportions acceptables les dépenses de l'ancienne armée annamite qui s'élevaient *au minimum* à 3.750.000 francs.

II. — Budgets provinciaux.

Chap. Iᵉʳ. — *Casernements.*

	Francs.	Francs.
Entretien de 39 logements de vê-huy à 150 francs	5.850	
Entretien de 39 logements de pho-vê-huy à 75	2.925	
Entretien de 13 logements de médecins-adjoints à 100	1.300	
Entretien de 39 logements de médecins de vê-quân à 75	2.925	
Entretien de 156 logements de cai-dôi à 75.	11.700	
» 156 casernements de dôi à 100.	15.600	
» 13 ateliers et magasins de groupe à 100	1.300	
Imprévus	3.400	
		45.000

Chap. II. — *Service médical.*

Allocations à :

	Francs.	Francs.
a) 13 hôpitaux de groupe, y compris le service vétérinaire exercé au besoin par un indigène (6.000 francs)	78.000	
b) 39 ambulances de vê-quân à 500 francs.	19.500	
Imprévus	2.500	
		100.000
A reporter		143.000

	Francs.	Francs.
Report.............. ..		145.000

Chap. III. — *Transports*.

	Francs.	
Remplacement de 220 chevaux par an, la durée d'utilisation étant de 6 ans pour un total de 1.350 chevaux (prix moyen d'achat 25 piastres, prix de vente des animaux réformés 10 piastres, soit par tête 35 francs).......................	7.700	
Entretien du harnachement pour 1.350 chevaux à 6 francs par tête...........	8.100	
Nourriture, 30 francs par an pour 1.350 chevaux..........................	40.500	
Entretien des écuries : 19 écuries à 30 chevaux ; 39 écuries à 4 chevaux ; 156 écuries à 4 chevaux....................	5.000	
Ferrage et imprévus..................	8.700	
		70.000

Chap. IV.

		Francs.
Eclairage et divers....................		35.000
Total des dépenses provinciales.....		250.000
» » du budget local..		5.400.000
Total général..............		5.650.000

FRAIS DE PREMIER ETABLISSEMENT.

I. — Budget local.

A). Troupes d'infanterie.

Chap. Ier.

	Francs.
Palais du général et bureaux du ministère (on aménagerait les bâtiments actuels de Hué)............................	100.000
Construction de 13 hôtels de chefs de groupe (avec bureaux), à 30.000 francs l'un................................	390.000
Construction de 13 pavillons pour adjoints, à 20.000 francs.........	260.000
A reporter..............	750.000

	Francs.	Francs.
Report..................	750.000	
Construction de 13 pavillons pour adju- dants-majors, à 10.000 francs......... .	195.000	
Construction de 13 pavillons pour officiers comptables (avec bureaux) à 25.000 fr..	325.000	
Construction de 13 pavillons de médecins à 15.000 francs....................	195.000	
Construction de 13 magasins et poudrières de groupe (10.000 francs)............	130.000	
Construction de 13 ateliers de groupe, à 6.000 francs......................	78.000	
		1.673.000

Chap. II.

Transport de 20.000 fusils et 30 millions de cartouches depuis l'Indo-Chine et la France jusqu'aux chef-lieux de grou- pes (1.200 tonnes à 100 francs en moyenne) (1)......................		120.000

Chap. III.

Matériel, ameublements et divers........		207.000
		2.000.000

B). Troupes d'artillerie.

6 casernes de batterie, avec pavillons d'officiers à 150.000 francs chacune....		900.000
Total..................		2.900.000

II. — Budgets provinciaux.

Chap. Ier. — *Casernements*.

Construction de 39 logements de vê-huy à 3.000 francs.....................	117.000
Construction de 13 logements de méde- cins-adjoints à 2.000................	26.000
Construction de 39 logements de médecins de vê-quàn à 1.000	39.000
A reporter..............	182.000

(1) L'armement des réserves serait ultérieurement constitué
d'après les ressources budgétaires.

	Francs.	Francs.
Report.................	182.000	
Construction de 39 logements de pho-vê-huy à 1.000......................	39.000	
Construction de 156 logements de cai-dôi à 1.000........................	156.000	
Construction de 156 casernes de dôi à 300.	46.800	
Imprévus...........................	7.200	
		430.000

CHAP. II. — *Service médical.*

Construction de 13 hôpitaux de groupe à 30.000 francs......................	390.000	
Construction de 39 ambulances de vê-quân à 3.000 francs......................	117.000	
Divers et matériel....................	43.000	
		550.000

CHAP. III. — *Transports.*

Achat de 1.350 chevaux à 50 francs......	67.500	
Construction de 13 écuries pour 30 chevaux. à 200 francs...................	2.600	
Construction de 6 écuries de batteries. pour 30 chevaux, *id.*...............	1.200	
Construction de 39 écuries de vê-quaân à 4 chevaux, 40 francs................	1.560	
Construction de 156 écuries de dôi à 4 chevaux. à 40 francs................	6.240	
Achat de 1.400 bàts et harnachements indigènes à 10 francs................	14.000	
Divers..............................	1.900	
		95.000

CHAP. IV.

Imprévus et divers....................		35.000
TOTAL des budgets provinciaux.....		1.000.000
TOTAL des dépenses du budget local.		2.900.000
TOTAL général............		3.900.000

Conclusion. -- Les dépenses de premier établissement s'élèvent donc pour le budget local à 2.900.000

francs, soit en chiffres ronds 3.000.000 répartis sur 3 exercices de 2 annuités si l'on admet la formation progressive de l'armée annamite, ce qui représente une dépense annuelle de................... 500.000 fr.

Pour les budgets provinciaux, la dépense totale est de 1.000.000 francs, soit en chiffres ronds de 1.200.000 francs, répartis dans les mêmes conditions, ce qui représente une dépense anuelle de........ 200.000 fr.
et, par province, de......................... 18.000 fr.

De même, les dépenses générales d'entretien s'élèveront progressivement pour le budget local, à. . . .. 5.500.000 fr.
et, pour les budgets provinciaux, à....... 250.000 fr.
soit, par province, à......................... 20.000 fr.

×

Les dépenses de premier établissement, même en admettant d'importantes erreurs d'évaluation, ne sont pas considérables. Le budget du royaume, ainsi que les budgets provinciaux récemment institués, ne seront pas obérés pour cela. Ces dépenses, d'ailleurs, malgré leur destination militaire, ne peuvent être qualifiées d' « improductives ». Les sommes enlevées aux contribuables resteront en grande partie dans le pays sous forme de paiement de matériaux et de main-d'œuvre. Les débouchés immédiats, ouverts par les constructions nombreuses et la nouvelle organisation, donneront naissance à certaines exploitations ou industries locales (1) qui développeront et augmenteront les mouvements commerciaux et la prospérité générale du pays.

---

(1) Commerce des bois, élevage, fabrication de matériaux, industrie des cuirs, etc.

Les dépenses d'entretien qui seraient inscrites aux budgets local et provinciaux n'appauvriraient pas davantage le royaume d'Annam, puisque les sommes perçues par l'Etat pour l'entretien de son armée feront aussi retour aux habitants.

Il semble *a priori* que l'Annam, dont le budget de 1904 ne s'élevait qu'à 2.472.175 piastres, soit 5 millions de francs, n'est pas assez riche pour s'offrir un budget de la guerre égal au budget total du royaume. Mais, sans diminuer la contribution versée d'autre part au budget général de l'Indo-Chine, on pourrait trouver aisément, en procédant avec mesure, toutes les ressources nécessaires.

La vieille comparaison de l'Annam, fléau ou bambou supportant les paniers de riz de Cochinchine et de Tonkin, a fait son temps. Les forêts, les montagnes, les vallées n'ont pas livré tous leurs secrets ; les évaluations de la population sont timides ; mais l'on commence à soupçonner les richesses latentes et multiples de ce pays que certains esprits perspicaces déclarent devoir être la plus belle partie de notre empire indochinois. Il manque de moyens d'action plus que de population ; les voies de communication qui, seules, permettraient la mise en valeur, n'existent pas ; la colonisation française est rare et inexpérimentée ; les habitants manquant de débouchés pratiques et de sens commercial, grugés d'ailleurs par les Chinois qui accourent derrière nous, se contentent de peu et ne tentent pas la fortune.

La méfiance qu'inspiraient en France nos possessions d'Extrême-Orient est enfin dissipée. Un emprunt du gouvernement annamite, lancé avec l'appui du gouvernement général, permettrait de doter l'Annam de l'outillage économique nécessaire, que les emprunts indo-chinois ne peuvent lui procurer complètement.

Les ressources financières qu'il donnerait, employées à l'exécution de travaux publics tels que routes, chemins de fer et tramways, ports de cabotage, irrigations, captations de forces motrices, canaux, subventions judicieuses à des industries, formation de villages (1), exerceraient sur le développement de la richesse générale la plus heureuse et la plus rapide influence. En quelques années le budget local serait en rapport avec la situation intérieure du pays ; les dépenses militaires proposées, qui semblent aujourd'hui considérables, n'en constitueraient pas l'élément le plus important.

Ces dépenses sont un sacrifice nécessaire. Nos possessions indo-chinoises doivent former un bloc. La théorie de leur seule vulnérabilité au nord et au sud est, sans doute, encore exacte ; son application préserve le présent, mais ne sauvegarde pas l'avenir.

---

(1) Au moyen d'Annamites du Delta tonkinois qui est assez peuplé pour alimenter en même temps l'émigration dans la zone montagneuse du Tonkin. Les Annamites de Cochinchine ont la presqu'ile de Camau, le Cambodge, la région de Battambang dans leur zone d'expansion.

Paris et Limoges. — Impr. milit. Henri CHARLES-LAVAUZELLE.